Dieses Vogelbeobachtung Buch gehört:

_____

_____

_____

Datum:

Tageszeit:

Ort der Sichtung:

Wie war das Wetter:

Vogelart: Anzahl:

Verhalten

Wie sah er aus

Weitere Details

Bilder/Zeichnungen

Datum:

Tageszeit:

Ort der Sichtung:

Wie war das Wetter:

Vogelart: Anzahl:

Verhalten

Wie sah er aus

Weitere Details

Bilder/Zeichnungen

Datum:

Tageszeit:

Ort der Sichtung:

Wie war das Wetter:

Vogelart: Anzahl:

Verhalten

Wie sah er aus

Weitere Details

Bilder/Zeichnungen

Datum:

Tageszeit:

Ort der Sichtung:

Wie war das Wetter:

Vogelart: Anzahl:

Verhalten

Wie sah er aus

Weitere Details

Bilder/Zeichnungen

Datum:

Tageszeit:

Ort der Sichtung:

Wie war das Wetter:

Vogelart: Anzahl:

Verhalten

Wie sah er aus

Weitere Details

Bilder/Zeichnungen

Datum:

Tageszeit:

Ort der Sichtung:

Wie war das Wetter:

Vogelart: Anzahl:

Verhalten

Wie sah er aus

Weitere Details

Datum:

Tageszeit:

Ort der Sichtung:

Wie war das Wetter:

Vogelart: Anzahl:

Verhalten

Wie sah er aus

Weitere Details

Bilder/Zeichnungen

Datum:

Tageszeit:

Ort der Sichtung:

Wie war das Wetter:

Vogelart: Anzahl:

Verhalten

Wie sah er aus

Weitere Details

Bilder/Zeichnungen

Datum:

Tageszeit:

Ort der Sichtung:

Wie war das Wetter:

Vogelart: Anzahl:

Verhalten

Wie sah er aus

Weitere Details

Bilder/Zeichnungen

Datum:

Tageszeit:

Ort der Sichtung:

Wie war das Wetter:

Vogelart: Anzahl:

Verhalten

Wie sah er aus

Weitere Details

Bilder/Zeichnungen

Datum:

Tageszeit:

Ort der Sichtung:

Wie war das Wetter:

Vogelart: Anzahl:

Verhalten

Wie sah er aus

Weitere Details

Bilder/Zeichnungen

Datum:

Tageszeit:

Ort der Sichtung:

Wie war das Wetter:

Vogelart: Anzahl:

Verhalten

Wie sah er aus

Weitere Details

Bilder/Zeichnungen

Datum:

Tageszeit:

Ort der Sichtung:

Wie war das Wetter:

Vogelart: Anzahl:

Verhalten

Wie sah er aus

Weitere Details

Bilder/Zeichnungen

Datum:

Tageszeit:

Ort der Sichtung:

Wie war das Wetter:

Vogelart: Anzahl:

Verhalten

Wie sah er aus

Weitere Details

Bilder/Zeichnungen

Datum:

Tageszeit:

Ort der Sichtung:

Wie war das Wetter:

Vogelart: Anzahl:

Verhalten

Wie sah er aus

Weitere Details

Datum:

Tageszeit:

Ort der Sichtung:

Wie war das Wetter:

Vogelart: Anzahl:

Verhalten

Wie sah er aus

Weitere Details

Datum:

Tageszeit:

Ort der Sichtung:

Wie war das Wetter:

Vogelart: Anzahl:

Verhalten

Wie sah er aus

Weitere Details

Bilder/Zeichnungen

Datum:

Tageszeit:

Ort der Sichtung:

Wie war das Wetter:

Vogelart: Anzahl:

Verhalten

Wie sah er aus

Weitere Details

Bilder/Zeichnungen

Datum:

Tageszeit:

Ort der Sichtung:

Wie war das Wetter:

Vogelart: Anzahl:

Verhalten

Wie sah er aus

Weitere Details

Datum:

Tageszeit:

Ort der Sichtung:

Wie war das Wetter:

Vogelart: Anzahl:

Verhalten	Wie sah er aus

Weitere Details

Bilder/Zeichnungen

Datum:

Tageszeit:

Ort der Sichtung:

Wie war das Wetter:

Vogelart: Anzahl:

Verhalten

Wie sah er aus

Weitere Details

Bilder/Zeichnungen

Datum:

Tageszeit:

Ort der Sichtung:

Wie war das Wetter:

Vogelart: Anzahl:

Verhalten

Wie sah er aus

Weitere Details

Bilder/Zeichnungen

Datum:

Tageszeit:

Ort der Sichtung:

Wie war das Wetter:

Vogelart: Anzahl:

Verhalten

Wie sah er aus

Weitere Details

Bilder/Zeichnungen

Datum:

Tageszeit:

Ort der Sichtung:

Wie war das Wetter:

Vogelart: Anzahl:

Verhalten

Wie sah er aus

Weitere Details

Bilder/Zeichnungen

Datum:

Tageszeit:

Ort der Sichtung:

Wie war das Wetter:

Vogelart: Anzahl:

Verhalten

Wie sah er aus

Weitere Details

Bilder/Zeichnungen

Datum:

Tageszeit:

Ort der Sichtung:

Wie war das Wetter:

Vogelart: Anzahl:

Verhalten

Wie sah er aus

Weitere Details

Bilder/Zeichnungen

Datum:

Tageszeit:

Ort der Sichtung:

Wie war das Wetter:

Vogelart: Anzahl:

Verhalten

Wie sah er aus

Weitere Details

Bilder/Zeichnungen

Datum:

Tageszeit:

Ort der Sichtung:

Wie war das Wetter:

Vogelart: Anzahl:

Verhalten

Wie sah er aus

Weitere Details

Datum:

Tageszeit:

Ort der Sichtung:

Wie war das Wetter:

Vogelart: Anzahl:

Verhalten

Wie sah er aus

Weitere Details

Datum:

Tageszeit:

Ort der Sichtung:

Wie war das Wetter:

Vogelart: Anzahl:

Verhalten	Wie sah er aus

Weitere Details

Bilder/Zeichnungen

Datum:

Tageszeit:

Ort der Sichtung:

Wie war das Wetter:

Vogelart: Anzahl:

Verhalten

Wie sah er aus

Weitere Details

Bilder/Zeichnungen

Datum:

Tageszeit:

Ort der Sichtung:

Wie war das Wetter:

Vogelart: Anzahl:

Verhalten

Wie sah er aus

Weitere Details

Datum:

Tageszeit:

Ort der Sichtung:

Wie war das Wetter:

Vogelart: Anzahl:

Verhalten

Wie sah er aus

Weitere Details

Bilder/Zeichnungen

Datum:

Tageszeit:

Ort der Sichtung:

Wie war das Wetter:

Vogelart: Anzahl:

Verhalten

Wie sah er aus

Weitere Details

Bilder/Zeichnungen

Datum:

Tageszeit:

Ort der Sichtung:

Wie war das Wetter:

Vogelart: Anzahl:

Verhalten	Wie sah er aus

Weitere Details

Datum:

Tageszeit:

Ort der Sichtung:

Wie war das Wetter:

Vogelart: Anzahl:

Verhalten

Wie sah er aus

Weitere Details

Bilder/Zeichnungen

Datum:

Tageszeit:

Ort der Sichtung:

Wie war das Wetter:

Vogelart: Anzahl:

Verhalten

Wie sah er aus

Weitere Details

Bilder/Zeichnungen

Datum:

Tageszeit:

Ort der Sichtung:

Wie war das Wetter:

Vogelart: Anzahl:

Verhalten

Wie sah er aus

Weitere Details

Bilder/Zeichnungen

Datum:

Tageszeit:

Ort der Sichtung:

Wie war das Wetter:

Vogelart: Anzahl:

Verhalten

Wie sah er aus

Weitere Details

Datum:

Tageszeit:

Ort der Sichtung:

Wie war das Wetter:

Vogelart: Anzahl:

Verhalten	Wie sah er aus

Weitere Details

Bilder/Zeichnungen

Datum:

Tageszeit:

Ort der Sichtung:

Wie war das Wetter:

Vogelart: Anzahl:

Verhalten	Wie sah er aus

Weitere Details

Datum:

Tageszeit:

Ort der Sichtung:

Wie war das Wetter:

Vogelart: Anzahl:

Verhalten

Wie sah er aus

Weitere Details

Bilder/Zeichnungen

Datum:

Tageszeit:

Ort der Sichtung:

Wie war das Wetter:

Vogelart: Anzahl:

Verhalten

Wie sah er aus

Weitere Details

Bilder/Zeichnungen

Datum:

Tageszeit:

Ort der Sichtung:

Wie war das Wetter:

Vogelart: Anzahl:

Verhalten	Wie sah er aus

Weitere Details

Bilder/Zeichnungen

Datum:

Tageszeit:

Ort der Sichtung:

Wie war das Wetter:

Vogelart: Anzahl:

Verhalten

Wie sah er aus

Weitere Details

Datum:

Tageszeit:

Ort der Sichtung:

Wie war das Wetter:

Vogelart: Anzahl:

Verhalten	Wie sah er aus

Weitere Details

Datum:

Tageszeit:

Ort der Sichtung:

Wie war das Wetter:

Vogelart: Anzahl:

Verhalten

Wie sah er aus

Weitere Details

Datum:

Tageszeit:

Ort der Sichtung:

Wie war das Wetter:

Vogelart: Anzahl:

Verhalten

Wie sah er aus

Weitere Details

Datum:

Tageszeit:

Ort der Sichtung:

Wie war das Wetter:

Vogelart: Anzahl:

Verhalten

Wie sah er aus

Weitere Details

Bilder/Zeichnungen

Datum:

Tageszeit:

Ort der Sichtung:

Wie war das Wetter:

Vogelart: Anzahl:

Verhalten

Wie sah er aus

Weitere Details